癒やしの
おすそわけ
いーすとけん。
パンレシピBOOK

キャラクター監修
カミオジャパン
パンレシピ監修
ピーターパン

宝島社

はじめに

千葉県にある
おいしいパン屋さん「ピーターパン」。
焼きたてのパンを通して、
毎日たくさんの人を笑顔にしています。

そんなピーターパンに、ある日、
いーすとけん。の営業担当さんが訪れました。
入社したてだったその営業担当さんは、
「いつかピーターパンとコラボしたい!」という思いを胸に、
時が流れました。
それから4年、ついに、ピーターパンといーすとけん。の
コラボが実現したのです!
第1弾はオリジナルエコバッグ、第2弾はタオル。
とってもかわいいコラボグッズは、
またたくさんの人を笑顔にしました。

そして、コラボ第3弾……!
いーすとけん。の仲間
「しばこっぺ」にそっくりなパンが
販売されることになったのです!
自家製カスタードが入った
おいしくてかわいいパンに
しばこっぺもおおよろこび。

この本は、そんなピーターパンといーすとけん。の
さらなるコラボが実現した一冊。
しばこっぺはもちろん、
そのほかのいーすとけん。の仲間たちにも似た
かわいくておいしいパンがたくさん登場します。
パン作りは難しいと思いがちかもしれませんが、大丈夫。
この本を読めば、おうちでもいろいろなパンが作れます。
いーすとけん。たちに癒やされながら、
ぜひパン作りを楽しんでくださいね。

About

いーすとけん。

**パンの生地を寝かせていたら、
いつのまにか現れたパンのわんこ、「いーすとけん。」
酵母菌なのか、犬なのかはわからない……
ふだんはこっそりパン屋さんのパンに
まざってくらしているよ**

しばこっぺ

しば犬のいーすとけん。しばらく学校の机の中でかくれて生活していたけれど、今はパン屋のいーすとけんたちと暮らしている。ピヨコーンとは給食の食べ残され仲間。

似ているパン

コッペパン

とさあんこ

土佐犬のいーすとけん。気性が荒いが、あんまり怖くない。怒りっぽいけど本当は不器用で優しい性格。実は小さくてかわいいピヨコーンが好き。でも怖がられてしまう。あんぱんはつぶあん派。

似ているパン

あんぱん

サモメロン

サモエドのいーすとけん。いつものほほんとしている。たのしそう。じっとしているのが苦手。運動が好きでいつも走り回っている。しばこっぺととさあんこと特に仲よし。

似ているパン

メロンパン

あきたこめこ

秋田犬のいーすとけん。パン屋さんの近所のお料理教室に住んでいる。米粉でできていて肌はもちもち。性格は無口で不器用だが、お料理教室の先生のまねをしていたら料理が得意になった。舌をいつもしまい忘れる。

似ているパン

米粉パン

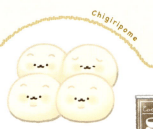

ちぎりポメ

ポメラニアンのいーすとけん。みんなと一緒にくっついていないと不安になって泣いてしまう。いつも仲間と一緒に行動している。食べたものや混ぜたもので色と性格が変わる。

似ているパン

ちぎりパン

ブラックちぎりポメ

ココアパウダーが練り込まれたココア味のちぎりポメ。くっついたり群れあうのが嫌いなので、よく1匹でいる。いつも集団行動をしているちぎりポメたちが好きじゃない。だけど、なんだかんだ仲間のことはほっとけない性格。

ばぶポメ

余ったパンの生地のかけらから生まれたちぎりポメのあかちゃん。ぷよぷよふやふやしていて、だっこすると優しいミルクのかおりがする。いろんなことに興味津々。

ゴールデントースト

ゴールデンレトリバーのいーすとけん。おっとり優しい性格で怒ることは滅多にない。目玉焼きが好物で見かけるとついつい食べてしまう。つまみ食い防止のために店主さんからもらった目玉焼き形のおもちゃがお気に入り。

似ているパン

食パン

トイプーバーガー

トイプードルのいーすとけん。高いところが好きで、ハンバーガーの一番上にいつもいる。いつかハンバーガーのてっぺんより大きないーすとけんになるのが夢。甘えたがりな性格。

似ているパン

ハンバーガー

コゲット

コーギーのいーすとけん。長い体が自慢だけど、すきまや角を曲がるときよくつっかえてしまう。性格はちょっとクールで、おしゃれな紙袋がお気に入り。ホットダックス、チョココロダックスとは胴長仲間。

似ているパン

バゲット

ホットダックス

ダックスフントのいーすとけん（？）。パンとパンの間にはさまれるのが好き。味付けはケチャップとこしょうだけで、マスタードはヒリヒリするから苦手らしい。チョココロダックスとは昔からの友達。

似ているパン

ホットドッグ

カップパグ

パグのいーすとけん。はずかしがり屋でシャイな性格。照れると顔が赤くなって、体から湯気が出てくる。チママフィンは初めてできた親友。自分に自信がないのが悩み。

似ているパン

カップケーキ

チママフィン

チワワのいーすとけん。スイーツカフェにいたが、カップパグについてきてパン屋さんに居座るようになった。明るい性格のふりをしているが、本当は物静かで自分に自信がない。ちょっぴり裏表がある。カップパグにだけ素の姿を見せられる。

似ているパン

マフィン

ピヨコーン

コーンのひよこたち。缶詰の中や、サンドイッチの間などいろんな所にかくれている。しばこっぺとは学校にいるころからの仲で、同じく給食の食べ残され仲間。

キウイ？

キウイにまぎれてたまにいるなぞの鳥。なにを考えているかわからない。ピヨコーンのことが気になるらしい。

チョココロダックス

黒いダックスフントのいーすとけん（?）。コロネのパンにくるまるのが好き。ホットダックスとは昔からの友達で、ホットダックスのことを連れ戻しにやってきたが、コロネのふかふかに感動し、結局自分もパン屋さんで暮らすことに。

似ているパン
チョココロネ

スピフォカッチャ

スピノーネ・イタリアーノのいーすとけん。ふかもふな見た目だけど、体は意外と筋肉質。四角いフォルムと、背中にあいた小さな穴が特徴。おっとりした性格で、オリーブオイルとおしゃれが大好き。

似ているパン
フォカッチャ

CONTENTS

- はじめに ……………………………………………………… 002
- Aboutいーすとけん。 ……………………………………… 004
- 生地の特徴を覚えよう …………………………………… 010
- 基本の道具と材料を揃えよう …………………………… 012

これを覚えておけばOK!
失敗しないパン作りのための基本ステップ

- こね方のポイント ………………………………………… 014
- 生地の丸め直し方 ………………………………………… 015
- 分割のポイント・麺棒のあて方 ………………………… 016
- 発酵の見極め方 …………………………………………… 017
- 具材の包み方・卵の塗り方 ……………………………… 018

本書の使い方・
実は重要! おいしいパンを作るための大事なPoint ……… 019

Part 1 基本の生地の作り方

- 食パン生地 ………………………………………………… 022
- 菓子パン生地 ……………………………………………… 026
- フランスパン生地 ………………………………………… 030

Part 2 いーすとけん。の仲間たち パンレシピ

- しばこっぺ ………………………………………………… 036
- カメ ………………………………………………………… 038
- くま ………………………………………………………… 039
- りす ………………………………………………………… 040
- うさぎ ……………………………………………………… 041
- しばこっぺ(コッペパン) ………………………………… 042

コッペパンでアレンジ！
- ホットダックス（ホットドッグ） …………………… 044
- 焼きそばコッペ・たまごコッペ・いちごコッペ …… 045
- とさあんこ（あんぱん） …………………………… 046
- もちとろあんぱん …………………………………… 048
- サモメロン（メロンパン） ………………………… 050
- ちぎりポメ（ちぎりパン） ………………………… 052
- ゴールデントースト（食パン） …………………… 054
- レーズン食パン ……………………………………… 056
- トイプーバーガー（ハンバーガー） ……………… 058
- コゲット（ソフトフランス） ……………………… 060

フランスパン生地でアレンジ！
- じゃがチーズフランス ……………………………… 062
- ミルクフランス ……………………………………… 064
- くるみフランス ……………………………………… 066

- あきたこめこ（米粉パン） ………………………… 068
- チョココロダックス（チョココロネ） …………… 070
- スピフォカッチャ（フォカッチャ） ……………… 072
- ピヨコーン（コーンパン） ………………………… 074

Part 3　その他のアレンジパンレシピ

- ウインナーロール ………………… 078
- ピザパン …………………………… 080
- チーズパン ………………………… 082
- 肉まんおやき ……………………… 084
- ハムロール ………………………… 086
- ベーコンエッグ …………………… 088
- シュガーレーズン ………………… 090
- 塩バターロール …………………… 092
- ベーコンエピ ……………………… 094

生地の特徴を覚えよう

パンの生地には、いくつかの種類があります。まずは生地の特徴を知ることから始めましょう。

食パン生地

菓子パン生地

フランスパン生地

この本では、主に3種類の基本の生地を使ったパンレシピを紹介しています。この3つをマスターすれば、バリエーション豊かなパンを作れるようになれるので、ぜひとも覚えたいところ。それぞれの生地にはどのような特徴があり、どんなパンに使われているのか、見ていきましょう。

食パン生地

特徴は？

ふんわりとした焼き上がりで、きめが細かいのが特徴的。根気よくたたいてこねると、ツヤと張りが出て美しくなります。その名の通り食パンはもちろん、コッペパンやハンバーガーのバンズとしても使用しています。

食パン生地を使っているレシピ

P042 しばこっぺ（コッペパン）

P054 ゴールデントースト（食パン）

P058 トイプーバーガー（ハンバーガー）

- P044 ホットダックス（ホットドッグ）
- P045 焼きそばコッペ／たまごコッペ／いちごコッペ
- P056 レーズン食パン
- P074 ピヨコーン（コーンパン）
- P078 ウインナーロール
- P080 ピザパン
- P082 チーズパン
- P084 肉まんおやき
- P086 ハムロール
- P088 ベーコンエッグ
- P090 シュガーレーズン

菓子パン生地

特徴は？

こちらもふんわりとやわらかい焼き上がりが特徴ですが、食パン生地よりも砂糖を多く含んでいます。子どもからお年寄りまで、幅広い世代に好まれる生地です。あんぱんやメロンパンなど王道パンによく使用されています。

―――― 菓子パン生地を使っているレシピ ――――

P036
しばこっぺ

P046
とさあんこ（あんぱん）

P050
サモメロン（メロンパン）

- **P038** カメ
- **P039** くま
- **P040** りす
- **P041** うさぎ
- **P048** もちとろあんぱん
- **P052** ちぎりポメ（ちぎりパン）
- **P070** チョココロダックス（チョココロネ）

フランスパン生地

特徴は？

パリッと香ばしい皮にふわっとした中身が特徴です。生地中の水分量を表す加水率が、3種類のうち最も高く、いわゆるハードパンがこれにあたります。フランスパンのほか、塩バターロールやフォカッチャなど、ちょっとおしゃれなパンも多め。

―――― フランスパン生地を使っているレシピ ――――

P060
コゲット（ソフトフランス）

P092
塩バターロール

P094
ベーコンエピ

- **P062** じゃがチーズフランス
- **P064** ミルクフランス
- **P066** くるみフランス
- **P072** スピフォカッチャ（フォカッチャ）

011

基本の道具と材料を揃えよう

おうちでパンを作るときに、あるといい道具と使用する材料を紹介します。

基本の道具

デジタルはかり
パン作りに材料の計量はかかせないもの。1g 単位のもので OK ですが、最小 0.1g まで量れるものだとさらに便利。

温度計
おいしいパンを作るために「温度」は大切なポイント。生地に使用する水の温度が 1℃違うだけで、味の良し悪しを左右します。

カード
生地を分割するときに使用するプラスチックの板。切るだけでなく、生地を混ぜたり集めたりするときにも使えます。

ゴムべら
生地を混ぜるときに使用します。ボウルについた生地も残すことなく集めることができる、便利アイテムです。

麺棒
パン作りといえばこれ！な麺棒。生地をのばすときに使用します。長いものも短いものもあるので、合ったものを使ってみて。

はさみ
刃が細くなっているものが使いやすいです。具材を切ったり、エピに切り込みを入れたりするときに使用します。

定規
パン生地のサイズを測ります。特に慣れないうちは、定規で生地のサイズを確認しながら作ってみましょう。

霧吹き
パン作りにとって「乾燥」は致命的。生地の乾燥を防止するために、霧吹きがあると便利です。ラップをかけたりも◎。

ハケ
卵や油を塗るときに使用します。毛がしなやかなものを選ぶと、ムラなく塗れるのでおすすめ。

基本の材料

強力粉

パン作りの基本の粉となるのが強力粉です。本書では色と風味のバランスに優れた「カメリヤ®」を使用しています。

塩

塩には生地の中のグルテンを引き締める役割があります。よって"ダレる"ことのない、コシのある生地にしてくれます。

砂糖

イーストの栄養となり生地を発酵させたり、生地に甘みを出してくれたりするのが砂糖。お好みのものを使用してOK。

インスタントドライイースト

生地の発酵にかかせない酵母。水分を加えることで活動します。開封後は冷蔵庫で保存しましょう。

脱脂粉乳(スキムミルク)

脱脂粉乳は、パン生地に加えると成形がしやすくなります。また、色づきや口当たりがよくなるという効果もあります。

水

強力粉のタンパク質と結びついてグルテンを作り出すのが水。使用するのは水道水でOKです。

牛乳

本書では、食パン生地に使用します。まろやかな風味を出し、焼き色を美しくつける役割があります。

卵

卵は、パン生地のふくらみを助けるほか、パンがかたくなってしまう"老化"を遅らせる効果があります。

無塩バター

生地のまとまりをよくして、風味をアップさせてくれるバター。本書ではパン生地には食塩不使用のものを使用しています。

これを覚えておけばOK！
失敗しないパン作りのための基本ステップ

生地をこねる、分割する、丸める、発酵させる……。まずはどのパンを作るにもかかせない基本の工程をマスターしましょう。ポイントを押さえれば、パン作りがグッとやりやすくなるはず！

こね方のポイント

台にこすりつける

両手を前後に動かし、手のひらを台にこすりつけながら材料をなじませ、グルテンを作っていく。生地がブチブチとちぎれなくなるまで、しっかり力を入れてこすりつけては、カードを使って生地を手前に集める作業を繰り返す。

Check!

フランスパン生地のようにかたくてのびにくい場合は、手のひらを台に押しつけ、練り込むようにこねる。

生地をのばす

べたつきがなくなってきて生地に弾力が出てきたら、ちぎれないように長くのばしては手前に集める作業を繰り返す。この段階ではカードを使わなくても手前に集められるくらい生地がまとまってくる。

生地をたたく

生地の端に指をかけて持ち上げ、台に打ちつけたら奥に向かって半分に折り、反対の手を添えながら生地を巻き込む。毎回端を持ち上げることで生地が90度ずつ回転する。生地の量が多いときは両手で持ち上げて打ちつける。やわらかい生地を引き締めたり、ボリュームのあるパンに仕上げたりするのに効果的なこね方。

こね上がりの合図

 生地の表面がなめらかで張りがあるか

 生地を指先でのばしたときに破れずにグルテンの膜が広がるか

グルテンとは……小麦粉に水を加えて、のばしたりたたいたりすることで形成される、網目状の組織のこと。生地をこねると網目が細かくなり、発酵したときに出る炭酸ガスをたまりやすくさせて、ふっくらとしたパンに仕上がる。

Check 菓子パン生地や食パン生地は指が透けて見えるくらい薄く広げる。フランスパン生地は膜が厚めでも OK。

↑菓子パン生地

↑フランスパン生地

生地の丸め直し方

● 大きい生地の場合

〈方法①〉
両手で包み込むように角を生地の下側に巻き込んで生地を張らせる。

〈方法②〉
生地を両手で包み込み、右手を手前、左手を奥にスライドさせて生地を回転させながら生地を張らせる。

Check!
分割するときに生地がこま切れになってしまったら……。

生地の裏側に押しつけたら、裏側を下にして包み込むように丸め直す。

● 小さい生地の場合

〈方法①〉
手のひらに生地をのせ、反対側の手を丸くして小指側の側面を手のひらにつけたまま生地を回転させるようにクルクル動かし、表面がなめらかになるまで丸めたら、裏返してお尻をとじる。

〈方法②〉
台の上に生地を置き、手を丸くして小指側の側面を台につけたまま生地の表面が張るまで転がしたら、裏に返してお尻をとじる。

 →  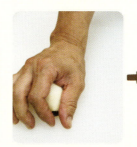 →

分割のポイント

カードを使って スパッと切る
こま切れになるとガスが抜けやすくなるので、できるだけ切る回数を減らす。

スケールを使って きっちり計量する
1つひとつの大きさが異なると発酵時間や焼きムラの原因に。

NG Point

● 生地をちぎる
生地が傷み、ガスがたまりにくくなる

● 生地をつぶす
ガスが抜けてしまい、発酵がにぶくなる

麺棒のあて方

円形にのばす場合
丸めた生地を軽く押さえてから麺棒を生地の中心に置き、上下に数回コロコロ転がしたら、生地を90度回転させて、さらに上下に麺棒を転がす。これを1周繰り返しながら指定のサイズに合わせてのばす。

Check!
- ☑ 生地の中央に麺棒を置く
- ☑ 両手の力加減を均等にする
- ☑ 押す力と引く力を均等にする
- ☑ 上から押しつけない
- ☑ できるだけ少ない回数でのばす

楕円形にのばす場合
丸めた生地を軽く押さえてから麺棒を生地の中心に置き、上下に数回コロコロ転がしたら、生地を180度回転させ、さらに上下に麺棒を転がして、指定のサイズに合わせてのばす。

……… 小さい生地 ………   ……… 大きい生地 ………

発酵の見極め方

一次発酵後

人差し指に強力粉をつけて、発酵後の生地の真ん中に穴を開ける。

[フィンガーテスト]

Check!

GOOD
穴の形が残る
⇒発酵完了！

BAD
穴がふさがる
⇒発酵不足

生地がしぼむ
⇒発酵しすぎ

二次発酵後

生地の大きさや厚みが下の写真のようになっているかを確認。

二次発酵前

二次発酵後

Check!

☑生地がひとまわり大きくなっているか

☑生地の厚み、太さが出ているか

········ **薄い生地の場合** ········

厚みが増してふっくらする

二次発酵前　　二次発酵後

········ **型物の場合** ········

型の8割ほどの高さまでふくらむ

二次発酵前　　二次発酵後

具材の包み方

● 円形の生地の場合

<方法① 台の上で包む場合>

具材を生地の中央にのせ、上下の生地を中心で合わせたら残りの生地もひだを寄せるように中心に集め、ねじるようにとじる。

<方法② 手の上で包む場合>

生地を手にのせて中央に具材をのせたら、へらや反対の手で具材を押さえながら周りの生地を指で持ち上げて中央に集めてつまみ、ねじるようにとじる。

● 楕円形の生地の場合

中央に具材をのせて横長に置き、左右の生地を中央で合わせる。そのとき片側の生地を5mmほどずらす。さらに左右の生地もとじたら、長い方の生地を少しかぶせるようにとじる。

卵の塗り方

ハケの根元に近いところを持ち、卵をしっかりつけ、容器などでしごいてから、生地の表面をなでるように優しく塗る。厚塗りにならないように注意する。

巻き目のあるパンは、生地を巻いている方向にハケを動かすと隅々まできれいに塗ることができる。

本書の使い方

- 使用する強力粉は、スーパーで一般的に販売されている小麦粉でOKです。
- 砂糖、塩は好みのもので大丈夫です。
- 本書では卵はMサイズを使用しています。
- バターは無塩のものを使用するのが望ましいです。有塩バターを使用すると、せっかく調整していた塩の割合が変わってしまうためです。
- パンの焼き時間は目安です。ご使用の機器により焼き時間に差が出ることがありますので、様子を見ながら調整してください。
- 準強力粉がない場合は、強力粉と薄力粉を7：3の割合でブレンドすれば代用が可能です。
例／500gの準強力粉の場合⇒強力粉350g＋薄力粉150g
250gの準強力粉の場合⇒強力粉175g＋薄力粉75g

\ 実は重要！ /
おいしいパンを作るための大事なPoint

1 作る量を調整したいときの強い味方！

強力粉や薄力粉などの粉量の合計を100としたときの、ほかの材料の配合割合を示したものを「ベーカーズパーセント」という。これを算出できると、レシピ通りの配合で分量の増減ができる。

＜ベーカーズパーセントの計算式＞
材料の分量(g)÷粉量(g)×100

＜粉量を変更したい場合の計算方式＞
粉量(g)×各材料のベーカーズパーセント(％)
※小数点以下は四捨五入可
※イーストと塩は、パンの仕上がりに影響があるので0.1g単位で算出

2 なぜガス抜きが必要？

発酵してふくらんだ生地を一度つぶすことで以下のような効果が得られる。

- **発酵促進**
イーストが活性化し、パンのボリュームがアップ
- **グルテンが強化**
グルテン組織が刺激され、生地がよくふくらむ
- **生地のキメが整う**
生地の中の大きな気泡が小さくなって分散する

3 乾燥はパンの大敵！

パン生地を乾燥させてしまうと、焼き上がりに以下のようなデメリットが出てくる。

・パンの表面が割れる
・食感がぱさつく
・生地がふくらまない
・パンがかたくなる

乾燥を防ぐためにも、一次発酵やベンチタイム、二次発酵の際にはラップをかけたり、場合によっては霧吹きをしたり、生地に気を配ることを忘れずに！

4 焼き上がりには、トンッと落として衝撃を

パンが焼き上がったらすぐに、20cmほどの高さから型をトンッと落とすことを忘れずに。焼成時に生地の中でたまった水蒸気は、冷めると体積が減ってしまい、パンがつぶれる要因に。衝撃を与えて水蒸気を抜くことで、冷めたときも美しい形を保つことができる。

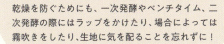

Part 1

3種類のパン生地を
マスターしよう！

基本の生地の作り方

パン作りの基本となる、食パン生地、菓子パン生地、
フランスパン生地を作ってみましょう。
これさえできれば作れるパンの可能性は無限大！

基本の生地
食パン生地

🚩 材料(食パン2斤分／1斤分)

A
強力粉　500g／250g
砂糖　40g／20g
塩　10g／5g
インスタントドライイースト
5g／2.5g

B
牛乳　370g／185g

C
無塩バター　50g／25g

🚩 事前準備

- バターを冷蔵庫から出して30分ほど室温に戻し、やわらかくしておく。

- 牛乳は冷蔵庫から出してすぐ冷たいまま使用する。

―――――― 作り方 ――――――

粉類を混ぜる
ボウルにAを入れる。上白糖と塩、インスタントドライイーストは離れた場所に入れて、指を立てるようにして手で混ぜる。上白糖のかたまりがあればつぶす。

牛乳を加え、ざっと混ぜる
均一に混ざったらBを全量加え、ゴムべらでボウルの底から大きく混ぜ、粉と牛乳をなじませる。粉気がなくなり、ひとかたまりになったら、台の上に出す。

生地を台にこすりつける

手のひらの付け根部分で生地を上から押しつけて手を前後に動かし、台にゴシゴシこすりつけるようにのばしてこねる。

約10分間のばし続ける

手にも台にも生地がつかなくなり、表面がなめらかになるまで約10分のばしてこねる動作をくり返す。

生地をたたきつける

生地がまとまってきたら軽く押し広げ、たたきごねをする(P14参照)。

約10分間たたき続ける

再度端を持って、生地をたたきつけて折り返す。この動作を生地に張りが出てくるまで、約10分続ける。

生地をのばして状態を確認
生地の端を指先でのばし、指が透けるくらいの薄い膜ができればOK。

> もう少し！
> 穴が開くのは、
> こねが足りないサイン

8 のばす2

バターをなじませる
生地を手のひらで軽く円形に広げ、室温に戻したバターをのせる。バターを包み込むように生地を集め、❸同様、台にこすりつけるようにのばしてこねる。

> ポイント
> 生地をちぎるような感じでバターを全体になじませる。はじめは生地がこま切れ状態になるが、根気よくこね続ける。

9 たたく2

たたきごねをする
生地がまとまったら、❺❻のたたきごねをする。生地に張りが出て表面がつるんとしたら、❼の方法で指が透けて見えるくらい薄い膜ができるか確認する（P15参照）。

一次発酵させる

生地の表面を張らせるように丸く整え(P15参照)、裏を向けてお尻部分をしっかりとじる。とじ目が下になるようにボウルに入れてラップをかけ、一次発酵させる(オーブンの発酵機能:27℃・30分／27〜30℃の室内:約30分)。

発酵状態を確認する

生地が2倍くらいの大きさにふくらんだら、フィンガーテストをする(P17参照)。発酵が完了していたらボウルから生地を優しく取り出し、とじ目が上になるように台に置く。

ガス抜きをする

生地を手で軽くたたいて丸く広げ、右から1/3、左から1/3と順に折りたたむ。縦長になった生地の手前から1/3を折りたたみ、さらに折り上げ3つ折りにする。

生地を休ませ完成

生地を手で包み込み、小指側で下に入れ込むように表面を張らせて丸め直す。さらに20分、生地を休ませたら「基本の食パン生地」の完成。

基本の生地
菓子パン生地

（生地約100g分／生地約400g分）

A
強力粉　400g／160g
薄力粉　100g／40g

B
砂糖　80g／32g
脱脂粉乳（スキムミルク）
　20g／8g
塩　7.5g／3g

C
インスタントドライイースト
　12g／4.8g

D
全卵　100g／40g
水　220g／88g

E
無塩バター　75g／30g

事前準備

- バターを冷蔵庫から出して30分ほど室温に戻し、やわらかくしておく。
- スキムミルクを上白糖と混ぜておく。
- 水は氷を入れて5℃に合わせる。
- 水に卵を割り入れて混ぜておく。

作り方

粉類を混ぜる
ボウルにAを入れて軽く混ぜる。Bをそれぞれ離して入れたら指を立てるようにして混ぜ合わせ、Cを入れて混ぜる。

仕込み水を加え、ざっと混ぜる
均一に混ざったら、混ぜておいたDを全量加え、ゴムべらでボウルの底から大きく混ぜてなじませる。粉気がなくなり、ひとかたまりになったら、台の上に出す。

生地を台にこすりつける

手のひらの付け根部分で生地を上から押しつけて手を前後に動かし、台にゴシゴシこすりつけるようにのばしてこねる。しっかり力を入れてべたつきがある程度おさまるまで5～10分こねていく(P14参照)。

生地をたたきつける

ある程度まとまってきたら、たたきごねをする(P14参照)。たたきつけては折り返す動作を、生地に張りが出てくるまで約10分続ける。

生地をのばして状態を確認

生地の端を指先でのばし、指が透けるくらいの薄い膜ができれば、OK。

6 のばす2

バターをなじませる
生地を手のひらで軽く円形に広げ、室温に戻したバターをのせる。バターを包み込むように生地を集め、❸同様に台にこすりつけるようにのばしてこねる。

> **ポイント**
> はじめは生地がちぎれたようになるが、思いきり生地を台にこすりつけて、バターを全体に広げていく。

7 たたく2

たたきごねをする
生地がひとかたまりになったら、❹同様たたきごねをする。生地に張りが出て表面がつるんとしたら、生地の端を指先でのばし、指が透けて見えるくらい薄い膜ができるか確認する(P15参照)。

8 一次発酵

一次発酵させる
生地の表面を張らせるように丸く整え(P15参照)、裏を向けてしっかりお尻部分をとじる。とじ目が底になるようにボウルに入れてラップをかけ、30分間一次発酵させる。

発酵状態を確認する
生地が約2倍にふくらんだら、フィンガーテストをする(P17参照)。発酵が完了していたらボウルから生地を優しく取り出し、とじ目が上になるように台に置く。

ガス抜きをする
生地を手で軽くたたいて丸く広げ、右から1/3、左から1/3と順に折りたたむ。縦長になった生地の手前から1/3を折りたたみ、さらに折り上げ3つ折りにする。

生地を休ませ完成
生地を手で包み込み、小指側で下に入れ込むように表面を張らせて丸め直す(P15参照)。さらに20分、生地を休ませたら「基本の菓子パン生地」の完成。

基本の生地
フランスパン生地

🚩 材料(ソフトフランスパン8本分／4本分)

A
準強力粉　500g／250g
砂糖　10g／5g
塩　10g／5g
インスタントドライイースト
5g／2.5g

B
水　300g／150g

C
無塩バター　50g／25g

🚩 事前準備

- バターを冷蔵庫から出して30分ほど室温に戻し、やわらかくしておく。
- 水は氷を入れて5℃に合わせる。

作り方

粉類を混ぜる
ボウルにAを入れる。砂糖と塩、インスタントドライイーストは離れた場所に入れて、手で混ぜる。

仕込み水を加え、ざっと混ぜる
均一に混ざったらBを全量加え、ゴムべらで、ボウルの底から大きく混ぜ、粉と水をなじませる。粉がある程度なじんだら、台の上に出す。

生地を台に押しつける

両手の手のひらの付け根部分で生地を上から押しつけて手前から奥に押し出すようにのばしては手前に戻す作業を繰り返し、生地に水分を行き渡らせる。

> **ポイント**
>
> ほかの生地よりも水分が少ないので、のばしにくくまとまりづらいのが特徴。手の中で生地を練り込むようにこねると次第に材料がなじんでいく。

約5分間こね続ける

粉っぽさがなくなって、表面のぼそぼそ感が少しおさまるまで約5分こね続ける。

生地をたたきつける

軽くのばした生地の端を片手でつかんで持ち上げたら台に打ちつけ、持っていた部分を向こう側に折りたたむ(P14参照)。

表面がなめらかになるまでたたく

つかむ場所を変えながら生地を台に打ちつけては折りたたむ作業を繰り返し、表面がなめらかになるまで、約10分続ける。

生地を広げて状態を確認

生地の端を指で軽くのばしても生地がちぎれなくなっていれば、OK。

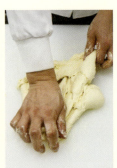

バターをなじませる

生地を手のひらで軽く円形に広げ、室温に戻したバターをのせる。バターを包み込むように生地を半分に折り、奥にのばしては手前に集める動作を繰り返し、生地がちぎれてきたら両手を交差させるように前後させながら、しっかりこすりつけるようにのばしてバターをなじませる。

> **ポイント**
>
> 油脂が入るといったん生地がちぎれるので、根気よくこね続ける。

032

たたきごねをする

生地がまとまって油脂がなじんだら、❺❻のたたきごねをする。生地に張りが出てきたら、❼の方法で膜ができるか確認する。先ほどよりもしっとりしなやかな膜であればこね上がり。

一次発酵させる

生地の表面を張らせるように丸く整え（P15参照）、裏を向けてお尻部分をしっかりとじる。とじ目が下になるようにボウルに入れてラップをかけ一次発酵させる（オーブンの発酵機能：27℃で60分／27～30℃の室内：約60分）。

発酵状態を確認する

生地が約2倍にふくらんだら、フィンガーテストをする（P17参照）。発酵が完了していたら「基本のフランスパン生地」の完成。

Part
2

かわいい
仲間たちも登場♪

いーすとけん。の
仲間たちパンレシピ

いーすとけん。の仲間たちに
よく似たパンに挑戦してみましょう。
あんぱん、メロンパンなどの
王道パンはもちろん、
かわいいキャラパンも！

生地

基本の菓子パン生地　190g
※作り方はP26参照
メロン皮生地　30g
※作り方はP51参照

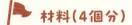 材料（4個分）

チョコペン（ミルク・ホワイト）　各1本
溶き卵　適量
市販のチョコクリーム（耐熱性のもの）　120g

作り方

1. 基本の菓子パン生地を40g4個、30g1個に分割する（P16参照）。ひとつずつ丸め直したら（P15参照）、バットに並べて冷蔵庫で15分以上寝かせる。

2. メロン皮生地を半分にカットして丸める。軽く押さえて麺棒で6×8.5cmの楕円形にのばし、バットに並べて冷蔵庫で冷やす。

3. 菓子パン生地40gをとじ目を下にして置き、麺棒で6×9cmの楕円形にのばして裏返す。

4. ラップを敷いたデジタルはかりに縦長になるようにのせる。生地の中心にチョコクリームを30g絞り、生地の上部にとじ目ができるように、クリームを包餡する（P18参照）。

5. とじ目が奥になるように台に置く。指先でとじ目を生地の裏へ送るように、7×5cmのおにぎり形に成形する。とじ目側を手前にしてオーブンシートを敷いた天板に並べる。

6. 菓子パン生地30gを麺棒で直径7cmの丸形にのばす。放射状に8分割し、さらに、縦に2分割する。

7. ❻のとがっている方が外側に来るように、左右1個ずつ❺の上部につける。

8. メロン皮生地を横長になるように半分にカットする。直線部分が顔の真ん中に来るように❼にのせ、二次発酵させる
オーブン発酵／38℃・60分
室温発酵／27〜30℃の室内・約90分

9. ひとまわり大きくなったらメロン皮生地以外の部分に溶き卵を塗り（P18参照）、190℃に予熱したオーブンで9分焼く。

10. 湯せんで溶かしたチョコペン（ミルク）で、メロン皮生地との境目に鼻を描く。その後、目・口・耳・あごを描き、チョコペン（ホワイト）で目の上に丸い"まろ眉"を描く。

4

5

6

7

8

10

カメ

生地

基本の菓子パン生地　160g
※作り方はP26参照
メロン皮生地　60g
※作り方はP51参照

🚩 **材料（4個分）**

チョコペン（ミルク）　1本
グラニュー糖　適量
溶き卵　適量

作り方

1. 基本の菓子パン生地を40gずつに分割し（P16参照）、ひとつずつ丸め直したら（P15参照）、バットに並べてラップをして冷蔵庫で15分以上冷やす。

2. メロン皮生地を15gずつに分割し、丸め直したら軽く押さえて、麺棒で6cmの円形にのばし、バットに並べて冷蔵庫で冷やす。

3. 菓子パン生地40gを20gずつに分割し、軽く丸め直す。ひとつは4分割する。

4. 4分割した生地のうち、ひとつは指先で丸め、残りの3つは指を使って7cmの棒状にのばす。

5. オーブンシートを敷いた天板に丸めた生地と棒状の生地1本を並べる。残りの棒状の生地2本は弧を作るように並べる。

6. ❸で残しておいた生地20gは、とじ目を下にして軽くたたいてガスを抜き、丸め直す。生地に霧を吹き、❷のメロン皮生地をかぶせ、グラニュー糖をつけて丸める。

7. ❺の中央に❻を置く。カードで切り込みを入れたら（P51参照）、ラップをかけて二次発酵させる。
   📖 オーブン発酵／28℃・70分
   ☀ 室温発酵／27～30℃の室内・約90分

8. ひとまわり大きくなったら、メロン皮生地以外に溶き卵を塗り（P18参照）、160℃に予熱したオーブンで12分焼く。

9. 湯せんで溶かしたチョコペンで目を描く。

3

4

5

7

9

くま

生地

基本の菓子パン生地　200g
※作り方はP26参照
メロン皮生地　8g
※作り方はP51参照

材料(4個分)

チョコペン(ミルク)　1本
溶き卵　適量
市販のチョコクリーム
(耐熱性のもの)　140g

作り方

1. 基本の菓子パン生地を40gずつに分割し(P16参照)、ひとつずつ丸め直す(P15参照)。メロン皮生地とともに、バットに並べてラップをして冷蔵庫で15分以上冷やす。

2. 菓子パン生地40gをとじ目を上にして置き、麺棒で直径8cmの円形にのばす(P16参照)。裏返してラップを敷いたデジタルはかりにのせて、生地の中心にチョコクリームを35g絞る。

3. 生地を中心に集めてクリームを包み(P18参照)、ねじるようにとじる。オーブンシートを敷いた天板にとじ目が下になるように置き、軽く押さえて丸く整える。

4. ❶の菓子パン生地ひとつを、放射状に8等分にし、ひとつずつ丸める。2つを❸の生地の上側に3cmの間隔をあけてつける。

5. メロン皮生地を2gずつに分割し、丸め直す。霧を吹き、❹の顔の中心に押しつけたら、ラップをかけて、二次発酵させる。
   オーブン発酵／38℃・60分
   室温発酵／27〜30℃の室内・約90分

6. ひとまわり大きくなったらメロン生地以外に溶き卵を塗り(P18参照)、220℃に予熱したオーブンで11分焼く。

7. 湯せんで溶かしたチョコペンで目を描く。その後、鼻・口を描く。

3

4

5

7

039

りす

生地

基本の菓子パン生地　160g
※作り方はP26参照

材料（5個分）

チョコペン（ミルク）　1本
溶き卵　適量
市販のチョコクリーム
（耐熱性のもの）　100g

作り方

1. 基本の菓子パン生地を30g×5個と10g×1個に分割する。10gの方は、さらに1g×10個に分割する（P16参照）。それぞれひとつずつ丸め直したら（P15参照）、バットに並べてラップをして冷蔵庫で15分以上冷やす。

2. 生地30gをとじ目を上にして置き、麺棒で5×9.5cmの楕円形にのばす（P16参照）。裏返してラップを敷いたデジタルはかりに縦長になるようにのせて、生地の中心にチョコクリームを20g絞る。

3. 生地でクリームを包み（P18参照）、オーブンシートを敷いた天板にとじた部分が奥側になるように、とじ目を下にして置く。

4. 1gの生地を丸め直し、1.5cmの棒状にのばす。2本作り、❸の生地の上部に、やや斜めになるようにつけ、二次発酵させる。
   - オーブン発酵／38℃・60分
   - 室温発酵／27～30℃の室内・約90分

5. ひとまわり大きくなったら溶き卵を塗り（P18参照）、230℃に予熱したオーブンで11分焼く。

6. 湯せんで溶かしたチョコペンで目を描く。その後、鼻・口を描き、頭に「Vの字」、ほっぺにうず巻きを描く。

3-a

3-b

4-a

4-b

4-c

6

うさぎ

生地
基本の菓子パン生地　200g
※作り方はP26参照

材料(4個分)

チョコペン(ミルク)　1本
溶き卵　適量
市販のチョコクリーム
(耐熱性のもの)　140g

作り方

1. 基本の菓子パン生地を40gずつに分割し(P16参照)、1つずつ丸め直したら(P15参照)、バットに並べてラップをして冷蔵庫で15分以上冷やす。

2. 生地40gをとじ目を上にして置き、麺棒で6×9.5cmの楕円形にのばす(P16参照)。裏返してラップを敷いたデジタルはかりに縦長になるようにのせて、生地の中心にチョコクリームを35g絞る。

3. 生地の上部にとじ目ができるように、クリームを包餡する(P18参照)。

4. ❶の菓子パン生地ひとつを、麺棒で8cmの円形にのばし(P16参照)、放射状に8等分にする。弧になっている側の2つの角を指ではさんで中央で合わせ、形を整える。

5. ❹を2つ作り、❸の生地の上部中央に並べるようにつけたら、二次発酵させる。
   オーブン発酵／38℃・60分
   室温発酵　27〜30℃の室内・約90分

6. ひとまわり大きくなったら溶き卵を塗り(P18参照)、230℃に予熱したオーブンで11分焼く。

7. 湯せんで溶かしたチョコペンで目を描く。その後、鼻・口を描き、ほっぺにハートを描く。

3

4-a

4-b

5

7

しばこっぺ
（コッペパン）

コロンとしてて
かわいいね

生地

基本の食パン生地　200g
※作り方はP22を参照

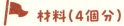
材料(4個分)

サラダ油　適量

作り方

1. 基本の食パン生地を50gずつに分割する（P16参照）。

2. 分割した生地をひとつずつ丸め直し（P15参照）、とじ目を下にしてラップをかけて、ベンチタイムを10分取る。

3. とじ目を下にして生地を置き、手で軽くたたいてガスを抜きながら、直径10cmの丸形にのばす。

4. 生地を裏返し、奥から手前に1/4巻いて、とじ目を指で軽く押す。これを2回繰り返す。

5. とじ目をつまむようにして、端から端までしっかりとじる。

6. とじ目が手前にくるように置き、手のひら全体を使って片手で2回ほど前後に転がし、とじ目をなじませる。

7. 横10cm、太さ3cmになったらとじ目を下にしてオーブンシートを敷いた天板に並べ、ラップをかけて二次発酵させる。
   - オーブン発酵／38℃・50分
   - 室温発酵／27～30℃の室温・約60～70分

8. ひとまわり大きくなったら210℃に予熱したオーブンで10分焼く。

9. 焼き上がったらすぐにケーキクーラーに移し、ハケで表面にサラダ油を塗る。

4-a

4-b

5

6

手順4のポイント

とじ目を押さえて表面を張らせると、端までしっかりとじることができ、きれいな形に仕上がる。

コッペパンでアレンジ！
ホットダックス（ホットドッグ）

材料（4個分）

コッペパン　4個
※作り方はP42参照
ソーセージ　4本
レタス　4枚
トマトケチャップ　適量
バター　適量

作り方

コッペパンの真ん中に底ギリギリまで切り込みを入れ、切り口にバターをぬり、レタスをはさむ。その上にボイルした、またはフライパンで焼いたウインナーソーセージをのせ、お好みの量のケチャップをかける。

パンの間に
はさまれて幸せ～

焼きそばコッペ

🚩 材料（4個分）

コッペパン　4個
※作り方はP42参照
焼きそば　適量（好みの具材・味付けで炒めておく）
紅しょうが（お好みで）適量
バター　適量

……… 作り方 ………

コッペパンの真ん中に底ギリギリまで切り込みを入れ、切り口にバターをぬる。作っておいた焼きそばをはさみ、お好みで紅しょうがをのせる。

たまごコッペ

🚩 材料（4個分）

コッペパン　4個　　　　パセリ（お好みで）　適量
※作り方はP42参照　　　バター　適量
卵サラダ　55g
塩コショウ　適量

……… 作り方 ………

卵を好みのかたさにゆで、殻をむいたら軽くつぶす。マヨネーズ、塩コショウを加えよく混ぜ、卵サラダをつくる。コッペパンの真ん中に底ギリギリまで切り込みを入れ、切り口にバターをぬり、玉子サラダをはさむ。お好みでパセリをのせる。

いちごコッペ

🚩 材料（4個分）

コッペパン　4個　　　　　バター　適量
※作り方はP42参照
市販のいちごジャム　適量

……… 作り方 ………

コッペパンの側面に、深く切り込みを入れ、切り口にバターをぬる。パンがちぎれないように大きく開き、いちごジャムを塗る。

とさあんこ（あんぱん）

とさあんこは
つぶあん派だよ

生地

基本の菓子パン生地　160g
※作り方はP26参照

🚩 材料(4個分)

つぶあん　140g　　　溶き卵　適量
いり黒ごま　適量

作り方

1. つぶあんを35gずつに分けて丸める。

2. 基本の菓子パン生地を40gずつに分割する（P16参照）。

3. 分割した生地をひとつずつ丸め直し（P15参照）、とじ目を下にしてラップをかけて、ベンチタイムを10分取る。

4. とじ目を下にして生地を置き、手で軽くたたいてガスを抜き、麺棒を軽くあてて直径6cmの丸形にのばす（P16参照）。

5. 生地を裏返し、❶のつぶあんをのせる。

6. ❺を手にのせ、指でつぶあんを軽く押さえながら包餡する（P18参照）。集まった生地はつまんでねじるようにしてとじる。

7. とじ目を下にしてオーブンシートを敷いた天板に並べ、生地に霧を吹く。ボウルに入れた水で麺棒の先を浸す。黒ごまを麺棒の先につけ、生地に軽く押しあてる。

8. ラップをかけて二次発酵させる。
   オーブン発酵／38℃・50分
   室温発酵／27〜30℃・60〜70分

9. ひとまわり大きくなったら溶き卵を塗り（P18参照）、230℃に予熱したオーブンで11分焼く。

5

6

7-a

7-b

生地

基本の菓子パン生地　160g
※作り方はP26参照

🚩 材料(4個分)

つぶあん　100g
黒ごま　適量
溶き卵　適量

（求肥）
白玉粉　25g
砂糖　15g
水　50g

作り方

1. 求肥を作る（作り方はページ下部参照）。
2. つぶあんを25gずつに分けて丸める。
3. 基本の菓子パン生地を40gずつに分割する（P16参照）。
4. 生地をひとつずつ丸め直し（P15参照）、とじ目を下にしてラップをかけて、ベンチタイムを10分取る。
5. とじ目を下にして生地を置き、手で軽くたたいてガスを抜き、麺棒を軽くあてて直径6cmの丸型にのばす（P16参照）。
6. 生地を裏返して手に置き、❷のあんこと❶の求肥をのせる。あんぱんのように包餡し、黒ごまをつける（P47参照）。
7. ラップをかけて二次発酵させる。
   オーブン発酵／38℃・50分
   室温発酵／27～30℃・60～70分
8. ひとまわり大きくなったら溶き卵を塗り（P18参照）、230℃に予熱したオーブンで11分焼く。

手順 ❻ のポイント

生地量に対して具材の量が多いので、周りの生地を持ち上げて、しっかりと包む。

6-a

6-b

6-c

求肥の作り方

1. 耐熱ボウルに白玉粉を入れ、水を加えて混ぜる。
2. 砂糖を加えて混ぜる。
3. 均一に混ざったら、ラップをして600Wの電子レンジに1分かける。
4. いったん取り出して混ぜる（熱いのでやけどに気をつけて！）。
   ※この時点では、まだ白っぽい部分と半透明の部分とでムラがあります。
5. 再び600Wの電子レンジに30秒～1分かける。
6. 取り出して混ぜる。
   ※ここで白っぽい部分がなくなり、すべて半透明の餅状になります。
7. 片栗粉（分量外）を振ったバットに求肥を広げ、上からも片栗粉をまぶす。
   ※片栗粉を振ることで、手で触れるようになります。
8. 必要な個数に包丁でカットする。

仲間が
たくさんいる〜

サモメロン
（メロンパン）

生地

基本の菓子パン生地　200g
※作り方はP26参照

🚩 材料（5個分）

（皮生地：8個分）
薄力粉　100g
ベーキングパウダー　1g
砂糖　50g
無塩バター　25g
全卵　35g
グラニュー糖　適量

作り方

1. 皮生地を作る。室温に戻した無塩バターと砂糖をボウルに入れ、ホイッパーで白っぽくなるまで混ぜる。溶いた全卵を数回に分けて加え、その都度しっかり混ぜる。

2. 薄力粉とベーキングパウダーをふるい入れ、ゴムべらで切り混ぜし、粉気がなくなりひとかたまりになったら冷蔵庫で約60分冷やす（皮生地の完成）。

3. 生地を台の上で揉んで棒状にのばす。25gずつ分けて丸め、再び冷蔵庫で冷やす。

4. 基本の菓子パン生地を40gに分割し（P16参照）、ひとつずつ丸め直す（P15参照）。とじ目を下にしてラップをかけ、ベンチタイムを10分取る。

5. 菓子パン生地を軽くたたいたら再度丸め直し、とじ目が下になるように置く。

6. ❸の皮生地に軽く打ち粉（強力粉・分量外）をつけ、直径6㎝の丸形に麺棒でのばす。霧を吹いた❺の菓子パン生地にのせ、ひっくり返して菓子パン生地全体を覆うように包み込む。

7. 表面に霧を吹き、グラニュー糖をつける。カードで皮生地に縦と横2本ずつ、格子状の切り込みを入れる。

8. オーブンシートを敷いた天板に並べ、ラップをかけて二次発酵させる。
   📖 オーブン発酵／28℃・70分
   ☀ 室温発酵／27〜30℃・90分

9. ひとまわり大きくなったら160℃に予熱したオーブンで12分焼く。

6-a

6-b

7-a

7-b

【あんバターメロンパンにアレンジ！】
厚み半分のところでスライスしたメロンパンに、つぶあん45g、薄く切ったバター30gをサンドすれば完成。

生地

基本の菓子パン生地　150g
※作り方はP26参照

🚩 材料（直径8cmのシリコン型2個分）

溶き卵　適量　　　　　チョコペン（ミルク）　1本

作り方

1. 基本の菓子パン生地を25gずつに分割する（P16参照）。

2. 分割した生地6つをひとつずつ丸め直し（P15参照）、とじ目を下にしてラップをかけて、ベンチタイムを10分取る。

3. とじ目を下にして生地を置き、手で軽くたたいてガスを抜いたら、丸め直してとじ目をしっかりとじる。

4. 3つ丸め直したら、とじ目を下にして三角形になるように置き、両手で3つ同時に持ち上げて型に入れる。

5. 天板に並べ、ラップをかけて二次発酵させる。
   - オーブン発酵／38℃・50分
   - 室温発酵／27〜30℃・60〜70分

6. ひとまわり大きくなったら表面に溶き卵を塗り（P18参照）、230℃に予熱したオーブンで11分焼く。

7. 焼き上がったらすぐに型から出し、ケーキクーラーの上で冷まし、粗熱を取る。

8. 湯せんで溶かしたチョコペンで、耳、目、鼻など顔を描く。

3

4

8

手順4のポイント

とじ目がずれないように気をつけて型に入れる。シリコン型がない場合は、オーブン対応の紙製カップなどで代用しよう。

ゴールデントースト
（食パン）

ふわっふわだよ

生地

基本の食パン生地　240g
※作り方はP22参照

🚩 **材料(縦11cm×横11cm×深さ11cmの型1斤分)**

バター　適量

作り方

1. 基本の食パン生地を丸め直し(P15参照)、とじ目を下にしてラップをかけて、ベンチタイムを25分取る。この間に型とフタにバターを指で塗る。

2. とじ目を下にして生地を置き、手のひらを使ってガスを抜きながら四角く整え、縦長になるように置く。

3. 麺棒で縦30cmくらいの長方形にのばしたら(P16参照)、生地を裏返す。

4. 生地を巻いていく。1巻き目は芯を作るように巻き、2巻き目からは巻いたら軽く手前に引くようにして巻いていく。

5. とじ目を下にして置き、生地を5分ほど休ませる。

6. とじ目を上にして生地をタテに置き、麺棒で縦30cmの長方形にのばしたら(P16参照)、下から巻き、巻き終わりを指でつまんでとじる。

7. 巻き終わりが下になるように型に入れたら、ラップをかけて二次発酵させる。
   - オーブン発酵／38℃・45~50分
   - 室温発酵／27~30℃の室内・約60分

8. 型の8割ほどの高さまでふくらんだらフタをして200℃に予熱したオーブンで25分焼く。

9. 20cmくらいの高さから型を落としてショックを入れてから生地を取り出して、ケーキクーラーにのせて冷ます。ショックを入れないとパンがしぼむので注意。

4

6-a

6-b

8

手順 6 のポイント

生地と生地の間に隙間ができないように、2巻き目からは軽く生地を引っ張りながら巻いていく。

生地

基本の食パン生地　260g
※一次発酵前の生地を使用
※作り方はP22参照

材料（縦11cm×横11cm×深さ11cmの型1斤分）

ラムレーズン　62.5g
※水気を切ったもの
バターor液体油脂　適量

作り方

1. 一次発酵前の基本の食パン生地を広げる。ラムレーズンの1/2量を全体にのせたら半分に折って軽く押さえる。90度回転させ、さらに生地を広げ残りのレーズンをのせて半分に折る。

2. 生地をカードで2等分して重ねる。上から軽く押さえながら90度回転させる。同じ動作を全体にレーズンが行き渡るまで繰り返す。

3. 生地を丸め直し、とじ目を下にしてボウルに入れ、ラップをして一次発酵させる。
   オーブン発酵／27℃・30分
   室温発酵／27～30℃の室内・約30分

4. 約2倍にふくらんだら、フィンガーテスト（P17参照）をし、発酵していたらパンチを入れる（P25⓫～⓬参照）。丸め直してさらに20分発酵させる。

5. 生地を軽くたたいてガスを抜き、丸め直す（P15参照）。とじ目を下にしてラップをかけ、20～25分生地を休ませる。この間に型とフタにバターを指で塗る。

6. 成形したら（P55❷～❻参照）、巻き終わりが下になるように型に入れて、ラップをかけて二次発酵させる。
   オーブン発酵／38℃・45～50分
   室温発酵／27～30℃の室内・約60分

7. 生地が型の8割ほどの高さにふくらんだらフタをして、200℃に予熱したオーブンで30分焼く。

8. 20cmくらいの高さから型を落としてショックを入れてから取り出して、ケーキクーラーにのせて冷ます。ショックを入れないとパンがしぼむので注意。

1

2-a

2-b

7

手順4のポイント

レーズンがつぶれると生地がべたつくので、麺棒をあてる際は力加減に気をつけよう。

トイプーバーガー
（ハンバーガー）

生地

基本の食パン生地　240g
※作り方はP22参照

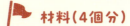 **材料(4個分)**

パティまたはハンバーグ　4枚
スライスチーズ　4枚
トマト(スライスしたもの)　4枚
レタス　4枚
トマトケチャップ(お好みで)　適量

作り方

1. 基本の食パン生地を60gずつに分割する。(P16参照)。

2. 分割した生地をひとつずつ丸め直し(P15参照)、とじ目を下にしてラップをかけて、ベンチタイムを10分取る。

3. とじ目を下にして生地を置き、手で軽くたたいてガスを抜いたら、丸め直してとじ目をしっかりとじる。

4. とじ目を下にしてオーブンシートを敷いた天板に並べ、ラップをかけて二次発酵させる。
   - オーブン発酵／38℃・60分
   - 室温発酵／27〜30℃の室内・約70分

5. ひとまわり大きくなったら210℃に予熱したオーブンで10分焼く。

6. 焼き上がったらすぐにケーキクーラーに移し、ハケで表面にサラダ油(分量外)を塗る。

7. バンズを厚み半分のところでカットする。下側のバンズに、焼いたパティまたはハンバーグ、チーズ、スライストマト、レタスをのせ、お好みでケチャップをひと回しかけて上側のバンズではさむ。

背比べだ〜!

コゲット
(ソフトフランス)

> コゲットと同じで体が長いね

生地（2本分）

基本のフランスパン生地　200g
※作り方はP30参照

作り方

1. 基本のフランスパン生地を100gずつに分割する（P16参照）。
2. 分割した生地をひとつずつ丸め直し（P15参照）、とじ目を下にしてラップをかけて、ベンチタイムを10分取る。
3. とじ目を下にして生地を置き、手で軽くたたいてガスを抜く。
4. 生地を裏返し、奥から手前に1/4巻き、巻いた部分の生地を張らせるように指でとじ目を軽く押す。
5. さらに2回、④同様に巻いたら、とじ目を端から端までをつまむようにしっかりとじる。
6. とじ目が下になるように置き、手のひら全体を使って生地を転がして20cmの長さまでのばす。
7. とじ目を下にしてオーブンシートを敷いた天板に並べ、ラップをかけて二次発酵させる。
   オーブン発酵／30℃・50分
   室温発酵／27〜30℃の室内・約60分
8. ひとまわり大きくなったら、生地が縦になるように天板を置き、中央が1/4ほどかぶるように、かみそりで斜めに2本のクープ（切り込み）を平行に入れる。
9. 生地に霧を吹き、250℃に予熱したオーブンで11分焼く。

5

6

8

手順 8 のポイント

クープは短いと形がいびつになりやすいので、できるだけ縦に近い角度で長めに入れる。はじめのうちはカードで目印をつけてから切るとよい。

フランスパン生地でアレンジ！
じゃがチーズフランス

材料(2本分)

- ソフトフランスパン　2本
  ※作り方はP60参照
- じゃがいも　100g
- 有塩バター　10g
- マヨネーズ　16g
- シュレッドチーズ　20g
- 塩　適量
- ホワイトペッパー　適量

作り方

1. じゃがいもの皮をむき、濡らしたペーパータオルとラップで包み、600Wのレンジで約3分加熱する。

2. ❶を2cm角に切り、塩、ホワイトペッパーで味付けし、2等分にする。

3. ソフトフランスパンの中央に底ギリギリまで切り込みを入れたら、❷を詰めてオーブンシートを敷いた天板に並べる。

4. 室温に戻してやわらかくした有塩バターを絞り袋に入れてじゃがいもの上に絞り、マヨネーズをジグザグに線かけしたらシュレッドチーズをかけ、250℃に予熱したオーブンで8分焼く。

4

🖐 パン作りの豆知識

**生地はいきもの！
環境によって発酵時間は変化**

レシピの発酵時間・温度はあくまで目安。その時々で生地の状態を見極め、発酵具合を確認することが必要。

・室温が高く、生地が温かい場合（おもに夏）
発酵が促されて時間が短めに

・室温が低く、生地が冷たい場合（おもに冬）
発酵がにぶく時間が長めに

フランスパン生地でアレンジ！
ミルクフランス

生地

基本のフランスパン生地　280g

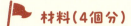
材料（4個分）

※作り方はP30参照
無塩バター　50g
グラニュー糖　20g
練乳　20g

作り方

1 基本のフランスパン生地を70gずつに分割し（P16参照）、生地をこねてひとつずつ丸め直し（P15参照）とじ目を下にしてラップをかけてベンチタイムをとる。

2 20cmの長さにのばし成形する（P61の❸〜❻参照）。

3 とじ目を下にしてオーブンシートを敷いた天板に、生地が縦になるように並べる。生地の5カ所、等間隔になるようにはさみで軽く切り込みを入れたらラップをかけて二次発酵させる。
　オーブン発酵／30℃・50分
　室温発酵／27〜30℃の室内・約60分

4 ひとまわり大きくなったら、パン生地に霧を吹き、250℃に予熱したオーブンで11分焼く。

5 室温に戻してやわらかくなった無塩バターとグラニュー糖をボウルに入れてホイッパーで白っぽくなるまで混ぜる。練乳を入れ、全体になじんだら絞り袋に入れる。

6 生地が冷めてから、パンの厚み半分のところで切り目を入れて、❺のミルククリームを絞り入れる。

3

パン作りの豆知識
「とじ目は下」が基本！

とじ目は必ず下にするのがパン作りの基本。とじ目が天板に密着していないと、焼き上がったときにぱっくりと開いてしまうことも。コッペパンのような細長い成形の場合にも、とじ目がよれてしまわないように注意が必要。コロネなど生地を巻きつけたものは、巻き始めと巻き終わりが下になるように置こう。

くるみフランス

生地

基本のフランスパン生地　200g
※一次発酵前の生地を使用
※作り方はP30参照

材料(2個分)

くるみ　60g
強力粉　適量

作り方

1. くるみを水に15分浸したら、ざるにあげて一晩寝かせる。

2. 一次発酵前の基本のフランスパン生地を広げ、くるみ1/4量をのせたら半分に折り、軽く押さえる。90度回転させたら、同様に3回繰り返す。

3. 生地を軽く押し広げては手前に折る作業を、生地を90度回転させながら約3回繰り返し、くるみを全体に混ぜ込んでいく。

4. 生地を丸め直し(P15参照)、とじ目を下にしてボウルに入れ、ラップをして60分間一次発酵させる。

5. 約2倍の大きさになったら、フィンガーテスト(P17参照)をして、生地を2分割する(P16参照)。

6. 生地を軽くたたいてガスを抜き、丸め直したら(P15参照)、とじ目を下にしてラップをかけて、ベンチタイムを20分取る。

7. とじ目を下にして軽く手でたたき、裏返したら、生地の手前1/3を内側に折る。生地の手前側の輪郭が弧になるように、左右の生地を中央に寄せて折り込む。

8. 奥から1/3の生地も同様に折り込み、ラグビーボールのような形になったらさらに半分に折って、重なったところを指で押さえてとじる。

9. 軽く転がして左右均等に形を整え、オーブンシートを敷いた天板にとじ目が下になるように並べ、二次発酵させる。
   オーブン発酵／30℃・約50分
   室温発酵／27〜30℃の室内・約60分

10. ひとまわり大きくなったら表面に強力粉をふるい、かみそりで斜めに2本切り込みを入れ、生地に霧を吹いてから250℃に予熱したオーブンで11分焼く。

7

8-a

8-b

10

🚩 材料（直径8cmの型7個分）

米粉　280g
砂糖　25g
塩　4g
インスタントドライイースト　3g

サラダ油　10g
ぬるま湯　220g

作り方

1. ボウルに米粉、砂糖、塩、インスタントドライイーストを入れてホイッパーで混ぜる。

2. 30～35℃のぬるま湯にサラダ油を混ぜ、❶に加える。粉っぽさがなくなるまでホイッパーで混ぜる。

3. 生地を中央に集めてラップをかけて室温で20分休ませる。

4. 生地全体にフツフツと気泡ができてきたら、再度ホイッパーでしっかり混ぜ、絞り袋に入れる。直径8cmの型またはオーブン対応の紙製カップに円を描くように70gずつ絞り入れる。

5. 容器を天板に並べたら、ラップをかけて二次発酵させる。
   - オーブン発酵／38℃・約40分
   - 室温発酵／27～30℃の室内・約60分

6. 生地が約2倍の大きさまでふくらんだら、210℃に予熱したオーブンで25分焼く。

7. 焼きあがったらすぐに生地の表面にサラダ油（分量外）を塗る。

2

4-a

4-b

6

手順❷のポイント

ホイッパーを持ち上げたときに生地がリボン状に重なるように落ちるくらいまでしっかりと混ぜる。

ここにくるまるのが
落ち着くね

チョココロダックス
(チョココロネ)

生地

基本の菓子パン生地　200g
※作り方はP26参照

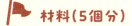
材料(5個分)

チョコクリーム(市販のもの)　150g
溶き卵　適量

作り方

1. 基本の食生地を40gずつに分割する(P16参照)。

2. 分割した生地をひとつずつ丸め直し(P15参照)、とじ目を下にしてラップをかけて、ベンチタイムを10分取る。

3. とじ目を下にして生地を置き、手で軽くたたいてガスを抜いたら裏返す。奥から1/4を手前に巻き、合わせ目を指で押さえ、続けて手前に2回同じ様に巻く。

4. 巻き終わりを上から押さえたら、生地を転がし、13cmの長さにのばして冷蔵庫で30分冷やす。

5. 巻き終わりが下になるように置いたら、手のひら全体を使って生地を転がし、片方が細くなるように40cmの長さにのばす。

6. 片手でコロネ型を持ち、生地の太い方の端を親指ではさんだら型に沿わせるように一周巻き端を重ねる。さらに4回巻き付けて、巻き終わりは、生地の下に押し込む。天板に並べラップをかけて二次発酵させる。
   - オーブン発酵／38℃・50分
   - 室温発酵／27〜30℃の室内・約60分

7. ひとまわり大きくなったら、表面に溶き卵を塗り(P18参照)、230℃に予熱したオーブンで11分焼く。

8. 型を外してからケーキクーラーに取り出す。完全に冷めてから、チョコクリームを30gずつ絞り入れる。

6-a

6-b

7

8

手順6のポイント

二次発酵で生地がふくらむので、少し間隔をあけて巻きつけると、発酵後の形がきれいに仕上がる。

071

スピフォカッチャ
（フォカッチャ）

おそろいの模様だね

生地

基本のフランスパン生地　200g
※作り方はP30参照

材料(4個分)

オリーブオイル　適量
岩塩　適量

作り方

1. 基本のフランスパン生地を50gずつに分割する（P16参照）。

2. 分割した生地をひとつずつ丸め直し（P15参照）、とじ目を下にしてラップをかけて、ベンチタイムを20分取る。

3. とじ目を下にして生地を置き、手で軽くたたいてガスを抜き、麺棒を軽くあてて直径8cmの丸形にのばす（P16参照）。

4. オーブンシートを敷いた天板に並べ、ラップをかけて二次発酵させる。
   - オーブン発酵／30℃・50分
   - 室温発酵／27〜30℃の室内・約60分

5. 生地に厚みが出たらハケで表面にオリーブオイルを塗る。指で7カ所くぼみをつけたら岩塩を振り、250℃に予熱したオーブンで8分焼く。

3

5

ピヨコーン（コーンパン）

パンの中にピヨコーンが隠れているかも…?!

生地

基本の食パン生地　200g
※一次発酵前の生地を使用
※作り方はP26参照

材料(4個分)

有塩バター　12g

<フィリング材料(作りやすい量)>
スイートコーン(缶詰)　100g
醤油　10g
有塩バター　10g

作り方

1. フィリングを作る。フライパンにバターと醤油を入れて弱火にかける。バターが溶けてきたら水気を切ったコーンを入れて炒め、60g取り分けておく。

2. 一次発酵前の基本の食パン生地を軽く押して広げ、半分に切る。片側に❶の1/3量をのせ、もう一方の生地をコーンの上に重ね、軽く押さえる。生地を90度回転させ、同じ作業を3回行う。

3. 生地全体にコーンをなじませるため、切って重ねて軽く押さえる一連の作業を繰り返す(約3回程度)。

4. 生地を丸め直し、とじ目を下にしてボウルに入れ、ラップをして30分間一次発酵させる。
   - オーブン発酵／27℃・30分
   - 室温発酵／27〜30℃の室内・約30分

5. 2倍くらいにふくらんだらフィンガーテスト(P17参照)をし、発酵していたらパンチをして(P25❶〜❷参照)、さらに20分発酵させる。

6. 生地を50gずつに分割し(P16参照)、ひとつずつ丸め直し(P15参照)、とじ目を下にしてラップをかけて、ベンチタイムを10分取る。

7. とじ目を下にして生地を軽くたたいたら丸め直す。とじ目を下にしてオーブンシートを敷いた天板に並べ、ラップをかけて二次発酵させる。
   - オーブン発酵／38℃・50分
   - 室温発酵／27〜30℃の室内・約60分

8. ひとまわり大きくなったら生地の中央にかみそりで切り込みを入れ、切り込みに沿って、室温に戻してやわらかくしておいたバターを3gずつ絞り袋に入れて絞り、220℃に予熱したオーブンで12分焼く。

3-a

3-b

3-c

8

パン作りが
もっと楽しくなる！

その他の
アレンジ
パンレシピ

Part
3

パン作りの可能性が広がる、アレンジパンはいかがですか？　初心者でも大丈夫!
ウインナーロールやベーコンエピも作れちゃいます。

ウインナーロール

生地

基本の食パン生地　200g
※作り方はP22参照

🚩 材料（4個分）

ウインナー（ロング）　4本　　ドライパセリ　適量
溶き卵　適量
トマトケチャップ　適量
マヨネーズ　適量

作り方

1. 基本の食パン生地を50gずつに分割する（P16参照）。

2. 分割した生地をひとつずつ丸め直し（P15参照）、とじ目を下にしてラップをかけて、ベンチタイムを20分取る。

3. とじ目を下にして生地を置き、手で軽くたたいてガスを抜いたら裏返す。奥から1/4を手前に折る。続けて手前に2回折り込んだら合わせ目を指で押さえ、生地の表面を張らせる。

4. 巻き終わりを下にして置き、ラップをかけて10分休ませる。

5. ❹の生地を手のひら全体を使って転がし、30cmの長さにのばす。

6. 片手でウインナーを持ち、生地の端を親指ではさんだら巻き始め、重なるように生地を巻き続けて沿わせるように巻きつける。巻き終わりは、生地の下に押し込む。天板に並べたらラップをかけて二次発酵させる。
   🍞 オーブン発酵／38℃・50分
   ☀ 室温発酵／27〜30℃の室内・約60分

7. ひとまわり大きくなったら溶き卵を塗り（P18参照）、はさみで2カ所に切り込みを入れマヨネーズをのせる溝を作る。マヨネーズ、ケチャップの順で絞りかけ、220℃に予熱したオーブンで12分焼く。

8. ケーキクーラーに取り出し、パセリを振りかける。

5

6-a

6-b

7

手順 ❺ のポイント
のばした生地の両端を少し押してつぶしておくと次の工程で作業しやすくなる。

生地

基本の食パン生地　200g
※作り方はP22参照

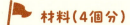 材料（4個分）

ピザソース（市販のもの）　40g
玉ねぎ　40g
ブロックベーコン　40g
シュレッドチーズ　40g
ドライパセリ　適量

作り方

1. 玉ねぎは繊維に沿って薄切りにし、キッチンペーパーに包んでしっかり水気を切る。ブロックベーコンは5mm角に切る。

2. 基本の食パン生地を50gずつに分割する（P16参照）。

3. 分割した生地をひとつずつ丸め直し（P15参照）、とじ目を下にしてラップをかけて、ベンチタイムを10分取る。

4. とじ目を下にして生地を置き、手で軽くたたいてガスを抜き、麺棒を軽くあてて直径10cmの丸形にのばす。

5. オーブンシートを敷いた天板に並べ、生地の外側5mm程度をあけてピザソースを塗る。玉ねぎ、カットしたベーコン、シュレッドチーズの順にのせたら、ラップをかけて二次発酵させる。
   オーブン発酵／38℃・40分
   室温発酵／27〜30℃の室内・約50分

6. ひとまわり大きくなったら220℃に予熱したオーブンで12分焼く。

7. ケーキクーラーに取り出し、パセリを振りかける。

6

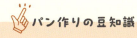 パン作りの豆知識

生地にも小休止が必要!?

本書のレシピには、一次発酵後の分割・丸め直しのあとに必ず「ベンチタイム」が入っている。これは、分割や丸め直しをすることで引き締まってしまった生地を休ませる時間。そのまま成形すると縮んでしまうなど成形しにくいが、一定時間置いておくことで生地がゆるみ成形しやすい状態に戻る。

チーズパン

生地

基本の食パン生地　200g
※作り方はP22参照

 **材料（5個分）**

チーズ　
（溶けるチーズ、固形チーズ合わせて）
150g

マヨネーズ　8g
白ごま　適量

作り方

1. 基本の食パン生地を40gずつに分割する（P16参照）。

2. 分割した生地をひとつずつ丸め直し（P15参照）、とじ目を下にしてラップをかけて、ベンチタイムを20分取る。

3. とじ目を下にして生地を置き、手で軽くたたいてガスを抜き、麺棒を軽くあてて直径9cmの丸形にのばす（P16参照）。

4. 生地を裏返して手のひらに置く。30gのチーズをのせ、生地を回転させながら、軽くチーズを押さえて周りの生地を少しずつかぶせるように集めてとじる。

5. とじ目を下にしてオーブンシートを敷いた天板に並べ、ラップをかけて二次発酵させる。
   - オーブン発酵／38℃・50分
   - 室温発酵／27～30℃の室内・約60分

6. ひとまわり大きくなったら、かみそりでチーズがうっすら見える程度に3本切り込みを入れる。切り込みにマヨネーズを絞り、白ごまをかけて220℃に予熱したオーブンで12分焼く。

4-a

4-b

4-c

6

手順 4 のポイント

片手で包むのが難しい場合は、生地を台の上に置いたままチーズをのせ、上下・左右の生地をそれぞれつまんでから残りの四隅の生地を集めるようにすると包みやすい。

肉まんおやき

生地

基本の食パン生地　300g
※作り方はP22参照

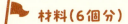 材料（6個分）

豚ひき肉　100g　　　しいたけ　1枚
タケノコの水煮　50g　ごま油　大さじ1／2
たまねぎ　50g

 調味料

鶏ガラスープの素　　　しょうがすりおろし
小さじ1／2　　　　　　小さじ1／2
塩　小さじ1／2　　　　片栗粉　大さじ1
砂糖　大さじ1／2　　　水　大さじ2
醤油　大さじ1

作り方

1. 肉フィリングを作る。タケノコ、たまねぎ、しいたけをみじん切りにする。フライパンに油をひいてたまねぎがしんなりするまで炒める。タケノコ、しいたけを加えて、最後にひき肉を入れてお肉の色が変わるまで炒める。調味料を入れて煮詰め、ごま油を入れたら、火を止めて水溶き片栗粉を入れる。粗熱が取れたら、冷蔵庫で冷やす。

2. 基本の食パン生地を50gずつに分割する（P16参照）。

3. 分割した生地をひとつずつ丸め直し（P15参照）、とじ目を下にしてラップをかけて、ベンチタイムを20分取る。

4. とじ目を下にして生地を置き、手で軽くたたいてガスを抜き、麺棒で直径9cmの丸形にのばす。

5. 生地を裏返して手にのせ、1の具材30gをのせる。周りの生地を中心に集めてねじるようにとじる。

6. とじ目を下にしてオーブンシートを敷いた天板に並べ、ラップをかけて二次発酵させる。
   オーブン発酵／38℃・40～50分
   室温発酵／27～30℃の室内・約60分

7. ひとまわり大きくなったら、全体を覆うようにオーブンシートをのせ、もう1枚の天板でフタをする。220℃に予熱したオーブンで12分焼く。

5-a

5-b

5-c

5-d

手順5のポイント
とじ目が開くと肉汁がこぼれるので、しっかりととじよう。

手順7のポイント
天板が2枚ない場合は、オーブン対応のバットや耐熱皿などを使用する。

ハムロール

生地

基本の食パン生地　200g
※作り方はP22参照

🚩 材料（4個分）

ハム　4枚
マヨネーズ　40g
シュレッドチーズ　40g
溶き卵　適量
パセリ　適量

作り方

1. 基本の食パン生地を50gずつに分割する（P16参照）。

2. 生地をひとつずつ丸め直し（P15参照）、とじ目を下にしてラップをかけて、ベンチタイムを20分取る。

3. とじ目を下にして生地を置き、手で軽くたたいてガスを抜く。ハムよりひとまわり大きなサイズになるように麺棒で丸くのばす（P16参照）。

4. 生地を裏返してハムをのせ、手前から巻いていく。1巻き目はハムが浮かないように気をつけて3回くらい巻く。

5. 生地を90度回転して、とじ目が上になるように置いたら、手前から奥へ半分に折り、上部を押さえてとじる。

6. 上部を1cm残して、生地の中心にナイフで切り込みを入れたら、生地を立てて左右に開く。

7. オーブンシートを敷いた天板に並べ、ラップをかけて二次発酵させる。
   📖 オーブン発酵／38℃・50分
   ☀ 室温発酵／27〜30℃の室内・約60分

8. ひとまわり大きくなったら生地に溶き卵を塗り（P18参照）、マヨネーズを全体に細く絞りかけたら、チーズを1/4量ずつのせる。

9. 220℃に予熱したオーブンで12分焼く。

10. 粗熱が取れたらパセリを振りかける。

5-a

5-b

6-a

6-b

手順 ⑥ のポイント

広げたときに楕円形になるように形を整えると焼き上がりがキレイに仕上がる。

ベーコンエッグ

生地

基本の食パン生地　200g
※作り方はP22参照

🚩 材料（4個分）

卵　4個
ブロックベーコン　2枚
マヨネーズ　適量
塩　適量
ブラックペッパー　適量
サラダ油　適量

作り方

1 基本の食パン生地を50gずつに分割し（P16参照）、ひとつずつ丸め直す（P15参照）。とじ目を下にしてバットに並べ、ラップをして冷蔵庫で10分寝かせる。

2 とじ目を下にして生地を楕円形になるように広げながら台に置き、手で押してガスを抜く。

3 麺棒で7cmの長さにのばしたら、生地を90度回転させて、麺棒で11cmの長さにのばす（P16参照）。オーブンシートを敷いた天板に並べ、ラップをかけて二次発酵させる。
　オーブン発酵／38℃・40分
　室温発酵／27〜30℃の室内・約60分

4 生地に厚みが出たら、真ん中に包丁で切り込みを入れたベーコン1/2枚をのせる。切り込みを開くように生地にくぼみをつくる。

5 ベーコンの縁にマヨネーズを絞って土手を作り、小さめの容器に割っておいた卵をのせる。塩、ブラックペッパーを振り、220℃に予熱したオーブンで12分焼く。

6 ケーキクーラーに出し、生地部分にサラダ油を塗る。

4

5-a

5-b

生地

レーズン食パンの生地　240g
※作り方はP57参照

🚩 材料(4個分)

有塩バター　32g　　　溶き卵　適量
グラニュー糖　20g

作り方

1. レーズン食パンの生地を60gずつに分割する(P16参照)。
2. 分割した生地をひとつずつ丸め直し(P15参照)、とじ目を下にしてラップをかけて、ベンチタイムを20分取る。
3. とじ目を下にして生地を置き、手で軽くたたいてガスを抜いたら、丸め直してとじ目をしっかりとじる。
4. 4つとも丸め直したら天板に並べ、ラップをかけて二次発酵させる。
   - オーブン発酵／38℃・50分
   - 室温発酵／27〜30℃の室内・約60分
5. ひとまわり大きくなったら、かみそりで生地の中央に1本切り込みを入れて溶き卵を塗る(P18参照)。
6. 有塩バターを室温に戻してやわらかくして絞り袋に入れる。❺の切り込みに8gずつ絞り、グラニュー糖を5gずつかける。
7. 230℃に予熱したオーブンで11分焼く。

3-a

3-b

6

手順 ❻ のポイント

グラニュー糖は5gずつ手でにぎり、小指側から落とすようにするとまんべんなくかけられる。

生地

基本のフランスパン生地　280g
※作り方はP30参照

材料(4個分)

有塩バター　40g
岩塩　適量

作り方

1. 有塩バターは10gずつ板状にカットして、使う直前まで冷蔵庫で冷やしておく。

2. 基本のフランスパン生地を70gずつに分割する(P16参照)。

3. 生地を軽くつぶし平たくのばす。片方が細くなるように上下を1/3ずつ斜めに折り、さらに半分に折り込む。細い部分を転がして円すい形にし、とじ目を下にしてラップをかけて、ベンチタイムを15分取る。

4. 細い方が手前になるように生地を置く。手前を片手で持ちながら、中央から奥に麺棒を転がして生地を20cmの長さにのばす。

5. 生地を横長に置き直す。太い方の端に麺棒をあてて2～3回転がし、バターの幅になるまでのばす。

6. 細い方が手前になるように生地を置く。バターを奥から4cm程度の位置にのせ、奥の生地をバターにかぶせる。ずれないように手前と左右をしっかり押さえたら、バターを芯にして、奥から手前にたたむように巻く。

7. 巻き終わりを下にしてオーブンシートを敷いた天板に並べ、ラップをかけて二次発酵させる。
   - オーブン発酵／30℃・50分
   - 室温発酵／27～30℃の室内・約60分

8. ひとまわり大きくなったら、生地に霧を吹き、岩塩をかけて250℃に予熱したオーブンで11分焼く。

3

6-a

6-b

手順6のポイント

生地は置き直すと縮むので、バターをのせる前に20cmの長さがあるかをチェック。短ければ麺棒でのばす。

ベーコンエピ